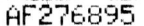

DIOS ES KAHUNA

Cipriano Toledo

DIOS ES KAHUNA

Cipriano Toledo

KOLIMA
BOOKS

Título original: Dios es Kahuna

Primera edición: Octubre 2025
© 2025 Editorial Kolima, Madrid
www.editorialkolima.com

Autor: Cipriano Toledo
Dirección editorial: Marta Prieto Asirón
Maquetación de cubierta e ilustraciones: Victoria Mugarra H.

ISBN: 978-84-10209-85-5
Depósito legal: M-22476-2025
Impreso en España

Para Enzo y Luca, mis nietos,
este libro lo escribí para vosotros.

Espero que os inicie en el camino de la filosofía Huna...
y si no, ya me encargaré yo. 😌

El abuelo

INTRO

Suena el teléfono,
miro el número...
Nadie que conozca.

Así empezó la cosa hace unos meses. Y lo mejor de todo es que Dios había olvidado llamar en oculto y yo me guardé su número.

Nos hicimos buenos amigos, o lo que quiera que uno se haga de Dios, y me contó muchas cosas.

Por cierto, ha quedado confirmado que tengo un don; todo dios me cuenta lo que le pasa...

PRIMERA LLAMADA

Lunes 11 de febrero de 2013. Llama Él (Dios).

Fue el día en que Benedicto XVI anunció su dimisión. Dios está triste, aunque no por la dimisión sino porque cree que, ya que se otorgaron la exclusiva de la comunicación con Él, podían haberlo hecho un poco mejor.

Lo primero que no le gusta es el menosprecio que percibe por parte de los humanos hacia su capacidad de comunicación.

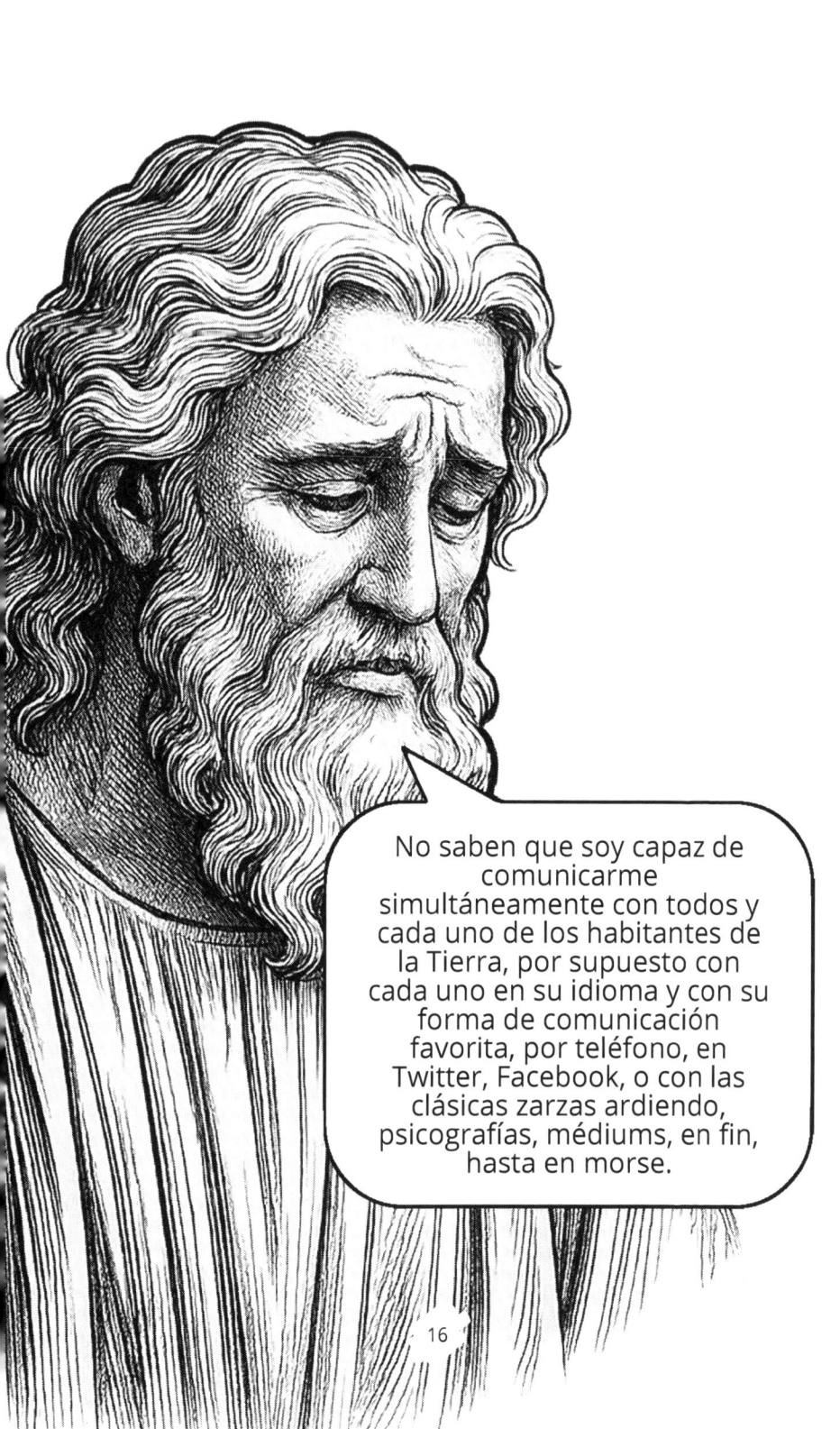

No saben que soy capaz de comunicarme simultáneamente con todos y cada uno de los habitantes de la Tierra, por supuesto con cada uno en su idioma y con su forma de comunicación favorita, por teléfono, en Twitter, Facebook, o con las clásicas zarzas ardiendo, psicografías, médiums, en fin, hasta en morse.

Dice que los hombres, al inventar las religiones lo hicieron a la medida del pensamiento humano, con todas las limitaciones que eso supone, y por ponerme un ejemplo vuelve a los católicos.

18

Hay un empleo que consiste en ser representante mío en la Tierra, el de papa, y trabajan para él varios millones de personas, entre curas, monjas, monjes, cardenales, obispos, etc.

Claro que tienen que «pastorear», así le llaman, a más de 1.600 millones de «ovejas», así las llaman.

Bien, pues se han montado unas historias de perdón, penitencia, castigo, infierno, reglas, etc. que no tienen nada que ver conmigo. Hasta un idioma, la oración; ni que fuera imbécil. ¿Sabes la cantidad de padrenuestros que he escuchado? Trillones y trillones. Con lo fácil que es hablar conmigo... ¡Si un pensamiento es suficiente!

A sus trabajadores, los curas, las monjas, los monjes, etc., los obligan a estudiarme hasta la saciedad, les dicen cómo y cuándo hablar conmigo, de qué manera deben ir vestidos, si pueden tener sexo o no, (siempre es que no); hasta les dan el poder de perdonar e imponer penitencias en mi nombre: «Tú reza 7 padrenuestros y 3 avemarías y te perdono que hayas pecado», pecado, que, por cierto, es otro invento suyo...

Ya me había quedado yo hecho una pena después de ver triste a Dios, pero Él nunca permite que te vayas de una «consulta» sintiéndote mal, y me ha dicho que va intentar hablar con «Franki» (el papa Francisco para los mortales), a ver qué puede hacer.

facebook ···

Cipriano ···

Dios nos pide que
por favor...

Para terminar me pide
que cuelgue esto en mi
Facebook.

Que por favor no le
enciendan más
velas, que si
alguien quiere algo
que lo pida, pero
sin chantajes, que
nada de promesas
de ir de rodillas a
ningún sitio ni
nada parecido.

Suplica... ¡No más
padrenuestros! Que prefiere
un tuit, un whatsapp, un
pensamiento...

Que no enseñen a los niños
a rezar, más que nada
porque ya saben.

Que nadie tiene la exclusiva
de su representación
en la Tierra.

30

Que le da igual cómo le llamen, Jesucristo, Mahoma, Buda, Yaveh, Energía, 7º rayo violeta o Manolo.

Que no quiere que nadie sacrifique nada en su nombre, ni ovejas, ni infieles, ni sentimientos, ni rodillas.

Que no tiene nada que ver con ningún concepto humano como el infierno, el cielo, el pecado, la cuaresma, la penitencia o las iglesias.

Y que por favor no lo usemos para ser infelices; cualquier contacto con Él que no suponga sentir amor es un fraude.

SEGUNDA
LLAMADA

Martes 11 de febrero de 2012. Llamo yo (Cipriano).

Me extrañó la respuesta y le
pedí que por favor siguiera.

A ver cómo te lo explico... ¿Te parece bien que partamos de que estoy en todas partes y que formo parte de todo...? Bien, pues si formo parte de todo también formo parte de ti, o, lo que es lo mismo, tú formas parte de mí... ¿Me sigues?

Sí, sí.

Cuando alguien me pide ayuda, lo único que hago es poner bien la parte de mí que provoca el problema... ¿De verdad que me sigues...?

Sí, sí.

35

Bien. Seguimos con ese concepto de energía, o de Dios, como lo quieras llamar, donde todos estamos conectados «energéticamente» con todo y con todos.

Una extensa red que une todo el Universo donde pasado y futuro no existen y todos los presentes se dan a la vez. —Hace un alto y me dice—: Si no entiendes esto no importa; tú sigue escuchando.

Tú me llamas y me dices: «Oye, Dios, me gustaría ayudar a Pedro, que necesita un empleo; lleva ya un año parado. ¿Te parece si usamos eso del hooponopono?».

Mi respuesta por supuesto será ok, vamos a ayudarle y vamos a usar el hooponopono, pero antes tienes que entender cómo funciona. Te lo explico.

¿Recuerdas la red? Bien, pues si quieres ayudar a tu amigo lo único que tienes que saber es que al formar parte de esa red tú eres en parte responsable de que Pedro no tenga trabajo, así que has de pedirme que «limpie» esa parte tuya que está fastidiando a Pedro.

Hay una cosa más que tienes que entender: como además de ti hay muchas más personas responsables del problema de Pedro, el que yo te «limpie» a ti no le va a ayudar mucho, a no ser que tú te hagas 100 % responsable de su problema. Pero tranquilo, que tú no te vas a quedar sin trabajo. Al hacerte responsable al 100 % nuestro trabajo será mucho más eficaz. Si lo has entendido seguimos y si no te lo vuelvo a explicar.

¡Bien! Vamos a ayudar a Pedro.
La cosa sería así: tú me llamas y me dices:
«Hola Dios, quiero ayudar a Pedro, que lo
está pasando mal porque no tiene
trabajo. Por favor, 'limpia' todo lo que hay
de malo en mí que hace que esté parado,
¡Ah! y me hago 100 % responsable».

Yo lo haré y pasarán tres cosas: primero,
ayudaremos a tu amigo; segundo, me
ayudarás a mí haciendo que la red esté
mejor, y sobre todo tú estarás mejor,
más «limpio».

39

Te explico un par de cosas más y ya puedes empezar a usarlo.

Como sé que andas muy liado, y no vamos a tener toda esta charla cada vez que quieras usar esta técnica, vamos a establecer una contraseña, la que quieras. Cuando la utilices yo sabré lo que quieres: que te haces responsable, que me quieres ayudar con la red, etc.

Úsala con todo lo que desees; todo vale, porque cada cosa que soluciones ayudará a que estés mejor y a que la red también lo esté.

Y como soy Dios y sé leer los pensamientos, sé que ahora estás pensando... «Una contraseña, pero qué narices de contraseña uso yo ahora, y si me equivoco...».

Antes de ponerte un ejemplo tengo que decirte que no te puedes equivocar. Aunque me dijeras «Dale colega», si esa es la clave que hemos acordado, y tú sabes su significado, yo también lo sabré.... Así que ahí tienes tu ejemplo: «Dale colega».

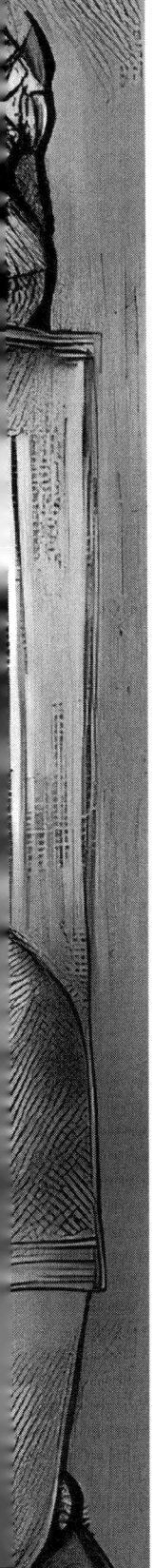

Así acabó esa conversación y yo me quedé con lo de «dale colega».

Finalmente entendí muy bien que el hooponopono no es un mantra ni una técnica mental sino una forma de conectar con Dios para ayudarlo en el mantenimiento de la red, a la vez que ayudamos a otras personas, y sobre todo a la vez que me ayudo a mí mismo. También entendí que puedo usarlo para ayudar en un problema grave o para cualquier minucia; y cada vez que lo utilizo ayudo a la red, que es realmente lo importante.

TERCERA LLAMADA

47

48

Espera, antes de que te pongas a dar saltos de alegría déjame terminar, porque me temo que te vas a enfadar.
Sigo... Cada vez que me doy cuenta de que no me estás ayudando a hacer de este mundo un mundo mejor, o lo que es lo mismo, a cuidar la red, te mando un aviso.
Y el aviso te lo envío en forma de problema, enfermedad, dolor...

¡Un momento!
Vaya, pues ya podías enviarme un telegrama.

Él hace caso omiso de mi cabreo
y sigue explicándome...

Te envío el problema
solo para que te des
cuenta de que NO estás
ayudándome, y tú lo
único que tienes que
hacer es decirme...
«Vaaaaale, gracias por
este problema que me
has enviado, que hace
que me dé cuenta de
que todavía hay cosas
dentro de mí que tengo
que limpiar». Y yo te
quitaré el problema,
¿entiendes?

O sea, que cuando tenga un problema del tipo que sea, y para hacerme hooponopono a mí mismo, lo único que he de hacer es darte las gracias por el problema que me has enviado, que es solo un aviso de que hay cosas dentro de mí que debo «limpiar».

Eso es; veo que lo has entendido, y de la misma forma que establecimos una contraseña para cuando querías hacer hooponopono para otros podemos establecer otra para esto. Por ejemplo: «Gracias, colega».

Bueno, ahí te quedas con tu enfado, que por cierto también te he enviado yo para que te des cuenta de que todavía hay cosas dentro de ti que has de limpiar.

Otro día, y cuando ya estés bien, te contaré una técnica que los kahunas llaman «Espíritu de Aloha» y que te ayudará a lograr las cosas que quieres conseguir en esta vida.

Tras esta conversación entendí la forma de usar el hooponopono conmigo mismo y de cómo cualquier problema que tenga, usando esta técnica, se convierte en una oportunidad de mejorar.

CUARTA
LLAMADA

No seas pelota, que no te va, y además conmigo no funciona. Tratar con Dios por un lado es muy fácil, aunque por otro tratar con alguien que te lee el pensamiento...

Bueno te explico lo del Espíritu de Aloha para ver si por fin consigues eso que tú y yo sabemos.

Ves lo que te decía sobre tratar con alguien que te lee el pensamiento...

«La vida es sueño». Esta frase se le atribuye a Calderón de la Barca, aunque realmente se la susurré yo.

Esta técnica es muy sencilla: cuando quieres conseguir algo, ya sea material, espiritual, de conocimiento, etc., lo único que has de hacer es soñar ese sueño. Algo que por otro lado ya haces, aunque solo para conseguir aquello que no deseas.

Te pondré un ejemplo. Vamos a suponer que quieres mejorar económicamente, más bienes o más dinero. Bien, pues lo que has de hacer es meterte en ese sueño allí donde lo veas. Ahora te estarás preguntando que cómo haces. Bien pues es muy fácil: cada vez que veas una situación, una persona o algo que represente aquello con lo que sueñas expresa tu admiración. No necesitas expresarla en voz alta; con el pensamiento es suficiente.

Te pongo varios ejemplos para que acabes de entenderlo.

Supón que quieres mejorar tu situación económica y estás viendo en la televisión un programa donde una persona muy rica muestra su casa, una casa de ensueño. En su salón cabrían 3 apartamentos como el tuyo y con el valor de una sola de las pinturas que adornan sus paredes tú podrías vivir el resto de tu vida.

Bien, pues la forma de meterte en ese sueño es que durante la visita a la casa tú vayas expresando pensamientos de admiración constantes, por ejemplo, «qué salón más grande», «qué muebles tan bonitos», «qué lujo», etc., y por supuesto evitar pensamientos del tipo, «vaya cabr...», «qué casa tiene», «qué hp», «no hay derecho», etc.

Ahora sales a la calle y pasa una persona en un descapotable impresionante. Tu pensamiento ha de ser: «Qué coche tan chulo», «qué bonito», etc.

Se trata de que empieces a formar parte del sueño donde la riqueza material es lo normal, se trata de que al admirar la riqueza allí donde la veas, en la tele, en un libro, por la calle, en una revista, o por Internet, empieces a formar parte de ese sueño y como consecuencia de ello empieces a vivirlo.

Otro ejemplo. Ahora suponemos que lo que quieres es tener un físico más bello, adelgazar o unos músculos más desarrollados. Bien, pues lo que has de hacer es exactamente lo mismo: admirar la belleza allí donde la veas, desde la flexibilidad y la belleza de un guepardo corriendo a la fortaleza y la presencia de un roble, pasando por un concurso de mises o místeres. En fin, admirar todo aquello que te resulta bello, para así conseguir meterte en ese sueño donde la belleza es lo normal, y, como consecuencia, empezar a vivirlo.

Espera, que yo también te pongo un ejemplo. Vamos a suponer que quiero adelgazar y me paso el día viendo concursos de belleza y documentales de naturaleza de la 2, y que cuando salgo a la calle me fijo en toda la belleza que me rodea, un edificio que me parezca bonito o lo que sea. Hasta aquí perfecto. Pero vuelvo a casa y después del paseo me apetece darme una ducha, así que entro al baño, me desnudo y me veo en el espejo...

... y claro, lo que veo no es precisamente belleza sino unas lorzas de impresión. Ahora explícame cómo hago para no decir «¡vaya tela!». Porque, si no he entendido mal, lo del Espíritu de Aloha consiste en admirar en los demás aquello que deseas para ti, para así empezar a formar parte de ese sueño. Pero, y aquí viene lo difícil, no «maldecir», o sea, no vivir el sueño de la no belleza o la no riqueza, que es justamente donde vivo.

Muy gráfico el ejemplo de las lorzas, aunque por otro lado, como ya sabes, tengo el don de la ubicuidad y no me descubres nada que no haya visto. Pero volviendo al ejemplo, admito que es difícil que salgas de la ducha y no pienses en tus sobrantes grasos. Sin embargo tengo la solución también para eso, y como de costumbre te dejaré con las ganas hasta que volvamos a hablar.

Tras esta conversación entendí que era cierto que la vida que estaba viviendo coincidía con toda exactitud con mis pensamientos o, como dice Dios, con el sueño que soñaba, y decidí empezar a soñar otras cosas. No me iba a hacer ningún daño y puede que hasta fuera cierto que cambiando nuestros sueños cambiamos nuestra vida.

«Seguro que Dios me ha pillado este pensamiento de duda y lo pagaré, pues, aunque dice que es todo amor, a veces se divierte picándonos».

67

QUINTA LLAMADA

Domingo 2 de mayo. Llama Él.

Hola Dios, ¿qué pasa, que trabajas los domingos? ¿Dónde quedó eso de que el domingo es el séptimo día de descanso?

Vaya, veo que tienes ganas de broma. Si quieres lo dejamos. Yo llamaba para comentarte qué hacer cuando te veas los depósitos de grasa al salir de la ducha, que, por cierto, parece que están aumentando. Creo que los documentales de la 2 te tienen tan absorto que no te das cuenta de la gran ingesta de patatas fritas a la que te estás sometiendo entre expresiones de admiración y admiración.

«Todo amor, todo amor, pero como las tira». Le pedí humildemente y sin padrenuestros que por favor siguiera y prometí hacer propósito de enmienda con el tema de las patatas fritas.

Tu mente, y la de cualquier ser humano, es más potente que el más potente de los ordenadores. Te pondré un ejemplo: un ordenador muy potente puede editar imágenes de video de manera prácticamente instantánea, pero son imágenes que previamente hemos creado; no hay ninguno que pueda crear las imágenes que crea tu mente con la perfección, el nivel de detalle, el color, etc. que tú puedes crear en el más mísero de sus sueños.

Ahora imagina la potencia de tu mente puesta al servicio de mejorar tu vida, y esto es lo que hace el Espíritu de Aloha, aunque, como bien me explicaste, nos encontramos con un problema: ¿qué hacer cuando sales de la ducha?

71

Bien, es fácil. No obstante, antes de contártelo te diré otra cosa: hay una universidad americana que tras un largo análisis dictaminó que un hombre tiene 60.000 pensamientos al día. No voy a entrar en si es cierto o no, pero vamos a usar el dato.

Cuando te invité a hacer el Espíritu de Aloha para conseguir aquello que deseas, lo que te estaba proponiendo era que esos 60.000 pensamientos fueran íntegramente pensamientos que te ayudaran a conseguir tus sueños, y lo que pasa cuando sales de la ducha es que tienes unos pensamientos que no son precisamente creadores de belleza. ¿Me sigues?

Sí.

Para convertir esos pensamientos sobre tus depósitos de grasa en pensamientos creadores de belleza lo único que has de hacer es usar el hooponopono en su versión más egoísta. Cuando lo haces para ti mismo, y en el mismo momento en que ves tus lorzas, di: «Gracias Dios mío por estas lorzas que hacen que me dé cuenta de que todavía hay cosas dentro de mí que tengo que 'limpiar' o, lo que es lo mismo y con la contraseña que establecimos... 'Gracias colega'.

De esta forma convertiremos esos pensamientos que te alejan de lo que quieres en pensamientos que crean el sueño o la vida que deseas vivir.

Tras darle las gracias colgué y entendí que la mezcla del Espíritu de Aloha y el hooponopono más egoísta consiguen convertir esos 60.000 pensamientos diarios en 60.000 pensamientos que me llevarán a obtener aquello que deseo, ya sea material o espiritual.

SEXTA LLAMADA

Sí, se ha acabado la Semana Santa y es un descanso. Cuando veo la parafernalia de sacrificios, dolor, imágenes mías crucificado o muerto paseando por la calles pienso: «Vaya imagen, yo me lo pasé bien en la Tierra, disfruté y la única imagen mía que conserváis es la de la crucifixión...». Enfin, vamos a lo tuyo. Dime Cipriano qué quieres.

De todas formas te explico algo que seguro vas a entender y que de alguna manera tiene cierta conexión con tu pregunta.

Cuando hablamos de los 60.000 pensamientos y de convertirlos en 60.000 pensamientos que te ayuden a conseguir aquello que deseas comentábamos que la mezcla del hooponopono y el Espíritu de Aloha conseguía este propósito. Pero también hay otra forma de lograrlo; siempre hay muchas soluciones para un problema.

Voy a hablarte de las expectativas, de las de dolor y las de placer.

Cuando piensas que algo te va a salir mal, o que no vas a conseguir un objetivo, o que un piano que estás viendo caer está a punto de aplastarte la cabeza, estás teniendo una expectativa de dolor.

Cuando piensas que algo va a salir bien, que vas a conseguir aquello que te propones o que el piano que está cayendo de alguna manera desviará su caída y ni te rozará, estás teniendo una expectativa de placer.

Una forma de conseguir 60.000 pensamientos que creen la realidad que deseas es tener solo expectativas de placer y cuando aparezca una de dolor cambiarla inmediatamente por otra de placer.

El temor es solo una expectativa de dolor, entendido en su más amplio espectro.

El temor, el miedo, es el resultado de imaginar un futuro donde experimentas una experiencia «dolorosa», bien porque la estás recreando por experiencias anteriores donde resultaste herido en circunstancias parecidas, por experiencias ajenas, creencias humanas generalizadas o por cualquier otra cosa.

El temor nunca se refiere al presente, sino al futuro, y como quiera que vuestro corazón o vuestra mente no distinguen entre lo que es real o imaginado, tener una expectativa de dolor hace que experimentéis el mismo miedo tanto si os cae el piano en la cabeza como si os imagináis que os cae aunque no lo haga.

Quizá la mejor forma de deshaceros de un temor sea que focalicéis vuestra atención en lo opuesto a una expectativa de dolor, o sea, en una de placer. Incluso aunque estéis seguros de que ocurrirá algo doloroso; siempre podemos cambiar el foco de nuestra atención.

Cipriano, haz una prueba ahora mismo. Imagina que el teléfono que tienes en la mano va a estallar en 3 segundos... ¿Qué?, ¿cómo te sientes?

Pues instintivamente me lo he separado de la oreja.

Bien, eso es una expectativa de dolor. Tu mente es «estúpida» y no distingue la realidad de un pensamiento.

Bien. Ahora piensa que en 10 segundos el móvil que tienes en la mano se va a convertir en un fajo de billetes de 500 euros y que quien te lo dice, que soy yo, Dios, tiene el poder de hacerlo... ¿Qué?, ¿cómo te sientes?

Pues, aunque sé que puede que no sea cierto, estoy contando hasta 10 con la cara de un niño al despertar un día de Reyes antes de ir a buscar los regalos.

Y va y convierte mi móvil en no menos de 100 billetes de 500 euros, y antes de que pueda alegrarme lo vuelve a transformar en mi móvil.

En fin, Cipriano: cambia tus expectativas de dolor por expectativas de placer.

Y esta fue la última llamada. Después me envió un whatsapp deseándome suerte con este libro y cediéndome los derechos para que lo publicara.

He vuelto a llamarle y no me lo coge; no sé si ha cambiado de número o de compañía.

EPÍLOGO

Para quien empiece este libro por el final
y para quien ya lo ha leído.

En el momento de escribir esta historia tengo 55 años, estamos en año 2013, España está en plena crisis económica, gobierna el Partido Popular y entre otras cosas los expertos dicen que los mayores de 50 años que estén desempleados no volverán a trabajar en su vida. Supongo que son los mismos expertos que no vieron venir la crisis; en fin, dejemos a los expertos en paz.

Escuché esto por primera vez en algún informativo de televisión que acompañaba la noticia con imágenes de hombres y mujeres mayores de 50 años en una larga fila de personas esperando en una oficina del INEM, o como se llame ahora. Desde entonces, y como formo parte de la estadística, al menos por edad, pensé en trasmitir técnicas que conozco, que funcionan y que pueden ayudar a muchas personas.

Desde entonces busco la manera de hacerlo y llegar a personas «normales» fuera del supermercado de la autoayuda, algo que no está resultando fácil, ya que, sinceramente, las técnicas son «raras» y poco televisivas. Aunque de una eficacia incontestable. Hay quien me ha dicho que si me pusiera una túnica o algo similar tendría más posibilidades, y lo haré si esa es la forma de llegar, aunque antes prefiero agotar las posibilidades de hacerlo vestido de forma más convencional.

Me gustaría agradecerles que hayan llegado hasta aquí y pedirles por favor que confíen, que dejen a un lado cualquier tipo de autocrítica, sentido del ridículo o pensamiento lógico que les impida probar estas técnicas.

Por favor, prueben a hacer lo que explico en este libro, háganlo 4 semanas, solo 30 días.

Y si fuera cierto, y si algo tan sencillo como lo que les propongo funcionara, a veces las cosas sencillas son eficaces, y estas lo son. No es necesario que me crean; solo háganlo, y por supuesto no se lo cuenten a nadie, al menos hasta que no estén totalmente convencidos de su eficacia; los tomarían por tontos. Una vez comprueben que realmente funciona y traten de explicárselo a sus amigos para ayudarlos entenderán mejor como me siento.

Por cierto, si alguna vez me llama Dios de verdad, después de desmayarme le daré recuerdos de parte de todos ustedes.

Reciban un
cordial saludo,

Cipriano Toledo

www.kahuna.es

KOLIMA
BOOKS